Inhalt

Rückführungslogistik - Verwertungsprozess von Industriegütern steckt noch in den Kinderschuhen

Kernthesen

Beitrag

Fallbeispiele

Weiterführende Literatur

Impressum

Rückführungslogistik - Verwertungsprozess von Industriegütern steckt noch in den Kinderschuhen

I. Zeilhofer-Ficker

Kernthesen

- Ausgediente oder defekte Industriegüter werden als Lieferanten für wertvolle Rohstoffe immer wichtiger.
- Allerdings fehlen dafür in vielen Fällen noch entsprechende Systeme für die Sammlung, Rückholung und Verwertung.
- Um die lukrativen Geschäfte streiten sich schon heute kommunale und private

Entsorger.
- Das neue Kreislaufwirtschaftsgesetz soll Klarheit bringen - der momentane Entwurf entspricht dieser Erwartung aber nicht.

Beitrag

Sekundärrohstoffe werden für die industrielle Produktion immer wichtiger

BRIC-Staaten wie China, Brasilien und Indien spielen mittlerweile als Wettbewerber um knappe Rohstoffreserven eine gewichtige Rolle. Die Preise für manche Metalle steigen regelmäßig, auch der Trend für den Erdölpreis geht langfristig immer weiter nach oben. Viele Industriebetriebe sehen sich durch den Mangel an wichtigen Rohstoffen in der Entwicklung von neuen Technologien eingeschränkt; ein erheblicher Teil hält seine Existenzgrundlage für gefährdet. (1)

Doch die deutschen Betriebe haben eine neue Rohstoffquelle entdeckt. Was liegt näher, als im Mutterland der Mülltrennung und des Recycling auf Sekundärrohstoffe zu setzen? Vierzehn Prozent aller

Rohstoffe werden bereits durch Recycling gewonnen - 8,4 Milliarden Euro an Umsätzen hat die Branche damit im Jahr 2009 erzielt. Steigerungen von über zehn Prozent pro Jahr sind an der Tagesordnung. Im Jahr 2020 will die Recyclingindustrie bereits zwanzig Milliarden Euro umsetzen. (2)

Das ist sicher keine unrealistische Annahme, wenn man bedenkt, dass beispielsweise erst ein Drittel aller pro Jahr in Umlauf gebrachten Elektrogeräte recycelt wird. Vieles landet noch in den Müllverbrennungsanlagen der Kommunen oder auf Deponien in Afrika oder Asien. (3), (6)

Doch allmählich erkennt das produzierende Gewerbe den Wert unseres Haus- und Gewerbemülls und verlangt nach neuen Konzepten, wie das "Urban Mining" (städtische Minenausbeutung) als Rohstofflieferant genutzt werden kann. Denn immerhin 250 Gramm Gold kann aus einer Tonne Elektroschrott gewonnen werden. In der Stahlproduktion stammen bereits mehr als fünfzig Prozent des Rohstoffs aus alten Eisenteilen. Auch der globale Kupferbedarf wird schon zu mehr als einem Drittel aus Recyclingkupfer gedeckt. Das für moderne Technologien wie Leuchtdioden oder Photovoltaik notwendige Gallium wird sogar zum größten Teil aus Sekundärmaterialien gewonnen - 95 Tonnen wurden 2008 weltweit konventionell produziert, 135 Tonnen stammten aus dem Recycling. (4)

Problem Rückführungslogistik

Deutschland hat eine zwanzigjährige Erfahrung mit der Sammlung und dem Wiederverwerten von Verpackungsmaterialien über das Duale System Deutschland (Grüner Punkt - gelber Sack/Tonne). Doch das Lizenzsystem hat seine Schwächen und läst sich nicht so einfach auf alle anderen Güter übertragen. Ein Pfandsystem wie für Autobatterien oder Mehrweg-Getränkeflaschen wäre ebenso denkbar wie mobile Recyclinghütten, die im regelmäßigen Turnus ausgediente Geräte, Textilien, Schuhe oder Teppiche beim Verbraucher einsammeln und vor Ort verarbeiten. Sammelbehälter im Handel (z.B. für Energiesparlampen) und auf Wertstoffhöfen erreichten bisher nur enttäuschende Rücklaufquoten. Auch die Sammlung von unsortierten Wertstoffen in der Wertstofftonne ist nicht ideal. Fakt ist, dass das optimale Logistiksystem für die Rückführung von Wertstoffen noch nicht gefunden ist. (5), (6), (7)

Die Industrie erwartet also von den Logistikanbietern neue Strategien und Konzepte, wie die wertvollen Sekundärrohstoffe zum Ursprung zurückgeführt werden können. Möglicherweise wäre es sinnvoll, nicht für alle Materialien dasselbe Konzept zu wählen, sondern mit verschiedenen logistischen Abläufen zu arbeiten. (8)

Die Ausgestaltung von Rückführungslogistiksystemen (Reverse Logistics)

Die Techniken für die Aufarbeitung und Aufbereitung von Altgeräten und -produkten haben in den vergangenen Jahren große Entwicklungsschübe durchlaufen. Nur noch ganz wenige Stoffkombinationen, beispielsweise in Klebeverbindungen, lassen sich nicht wiederverwerten. Ansonsten ist die mehrmalige Verwendung von Rohstoffen technisch mittlerweile fast bei allen Materialien möglich. (9)

Will man eine Recyclingfabrik wirtschaftlich sinnvoll nutzen, so ist eine kontinuierliche Versorgung mit den entsprechenden Altprodukten die Voraussetzung. Auch für diesen Zweck ist ein entsprechend konzipiertes Logistiksystem notwendig. (9)

Ein umfassendes Rückführungssystem von Altprodukten muss die Funktionen sammeln, zurückbringen, testen, sortieren und aufarbeiten beinhalten. Die Sammlung kann direkt beim Kunden erfolgen oder über zentrale Sammelstellen. Die Abholung beim Kunden ist allerdings nur sinnvoll, wenn es sich entweder um größere Mengen handelt oder wenn die Produkte und deren Technologien nicht in die Hände von Wettbewerbern gelangen sollen. Ein typisches Beispiel für die Direktabholung sind Leasingverträge für komplexe Kopiersysteme oder industrielle Computerausstattungen. Ebenso lohnt die Abholung von Bauschutt bei entsprechenden Abrissen aufgrund der schieren Masse. Die Abholung von gemischten Produkten, die in einer Wertstofftonne gesammelt werden, wird zwar momentan politisch noch kontrovers diskutiert, ist aber ebenfalls eine Direktabholung. Sie verlangt jedoch noch nach ausgefeilten Sortiertechniken. (4), (10)

Systeme, bei denen der Konsument die Produkte zu einem Sammelpunkt bringen muss, bergen immer die Gefahr, dass nur geringe Sammelquoten erreicht werden. Viele Bürger sind einfach zu bequem, Altgeräte oder -produkte zurück zum Einzelhändler oder zum Wertstoffhof zu bringen. Geringe Sammelquoten zum Beispiel von Energiesparlampen (10 Prozent) und Batterien (rund 40 Prozent) belegen dies. (10)

Das Sortieren und Testen der zurückgenommenen Waren kann zentral beim Hersteller/Recycler oder dezentral in der Nähe der Sammelstellen erfolgen. Der Vorteil einer Überprüfung in der Nähe der Sammelstelle liegt darin, dass kein unbrauchbares Material transportiert werden muss. Die dezentrale Prüfung ist allerdings nur bei einfachen Produkten (z.B. Teppiche oder Textilien) unter wirtschaftlich sinnvollen Bedingungen machbar. Technische Geräte sowie deren Bestandteile wie Leiterplatten oder ähnliches werden besser beim Hersteller oder direkt im Recyclingbetrieb getestet. (10)

Ähnlich verhält es sich mit der Wiederaufarbeitung. Sollen technologisch komplexe Geräte auseinandergenommen und die Teile, sofern funktionstüchtig, weiterverwendet werden, so wird sich der Hersteller schon wegen des notwenigen Technologieschutzes eher zur Verarbeitung im eigenen Betrieb entschließen. Handelt es sich um einfache Geräte oder Produkte wie Papier, Kunststoffe oder Handys, so wird in der Praxis häufig ein Subunternehmer mit der Wiederaufarbeitung beauftragt. (10)

Trends

Sekundärrohstoffe werden angesichts steigender Rohstoffpreise für die deutsche Produktionswirtschaft immer wichtiger. Zweifellos wird die Sammlung und Wiederverwertung von Altgeräten und Produkten in den kommenden Jahren deshalb weiter zunehmen. Es liegt an den (Logistik-)Unternehmen, für funktionierende, effiziente Rückholsysteme zu sorgen, damit nicht weiter ein hoher Anteil an Wertstoffen in Verbrennungsanlagen und auf Deponien verschwindet.

Die Politik muss dafür sorgen, dass ein fairer und zielführender Kompromiss zwischen kommunalen und privaten Entsorgungs- und Verwertungsunternehmen gefunden wird, der nicht nur wirtschaftlichen Aspekten, sondern auch der Umwelt Rechnung trägt.

Fallbeispiele

Die Reverse Logistics Group (RLG) mit Sitz in Dornach bei München ist ein europaweit tätiger Spezialist für Rückführungslogistik. Die Umsätze der RLG wuchsen in den vergangenen Jahren um 20 bis 25 Prozent pro Jahr. Die RLG möchte in Zusammenarbeit mit den Produktionsunternehmen Systeme entwickeln, die für einen funktionierenden Wertstoffkreislauf sorgen. Über eine Einbindung von Handelsketten, Tankstellen, Paket- und Brieflogistikern wird nachgedacht. (8)

In den USA hat der Teppichproduzent Shaw zwei unterschiedliche Sammelsysteme für ausgediente Teppiche aufgebaut. Zum einen sammelt er Altteppiche verschiedener Produzenten im ganzen Land, um daraus Nylon-6-Compound für die neue Produktion herzustellen. Andererseits hat Shaw spezielle Teppichfliesen entwickelt, für die Shaw eine lebenslange Rücknahmegarantie verspricht. Über eine kostenlose Rufnummer können Kunden die Rückholung ausgedienter Teppiche veranlassen. Auf diese Weise will Shaw vor allem seine Beziehung zu kommerziellen Großkunden stärken. (10)

Weiterführende Literatur

(1) Zurück in den Rohstoff-Kreislauf
aus DVZ, Nr. 124 vom 16.10.2010

(2) Bergbau in der Stadt
aus WirtschaftsWoche NR. 051 VOM 20.12.2010 SEITE 032

(3) Mit Recycling gegen Rohstoffmangel
aus DVZ, Nr. 132 vom 04.11.2010

(4) Goldrausch im Deponiepark
aus Die ZEIT Nr. 42 vom 14.10.2010 Seite 039

(5) Knappe Rohstoffe treiben Öko-PCs voran
aus VDI NR. 46 VOM 19.11.2010 SEITE 5

(6) Die neuen Herren der Welt
aus WirtschaftsWoche NR. 043 VOM 25.10.2010 SEITE 044

(7) "Der Grüne Punkt ist kein Placebo"
aus Welt am Sonntag, 21.11.2010, Nr. 47, S. 41

(8) Versorgen statt entsorgen

aus DVZ, Nr. 124 vom 16.10.2010

(9) Dynamische Disposition in rückführungslogistischen Systemen
aus Zeitschrift für wirtschaftlichen Fabrikbetrieb, Heft 10/2010, S. 860-864

(10) A solid reverse supply Chain is critical in an era of scarce resources. Designing FOR RECOVERY
aus Industrial Engineer, United States (0PUG), 42 (2010) 4 page 38

(11) Effizientere Müllverwertung geplant - Wertstofftonnen sollen in Zukunft die Menge...
aus Thüringer Allgemeine vom 11.08.10 Seite

Impressum

Rückführungslogistik - Verwertungsprozess von Industriegütern steckt noch in den Kinderschuhen

Bibliografische Information der deutschen Nationalbibliothek

Die Deutsche Nationalbibliothek verzeichnet diese Publikation in der deutschen Nationalbibliografie; detaillierte bibliografische Daten sind im Internet über http://dnb.d-nb.de abrufbar.

ISBN: 978-3-7379-1115-3

© 2015 GBI-Genios Deutsche Wirtschaftsdatenbank GmbH, Freischützstraße 96, 81927 München, www.genios.de

Alle Rechte vorbehalten. Dieses Werk ist einschließlich aller seiner Teile – z.B. Texte, Tabellen und Grafiken - urheberrechtlich geschützt. Jede Verwertung außerhalb der Grenzen des Urheberrechtsgesetzes bedarf der vorherigen Zustimmung des Verlags. Dies gilt insbesondere auch für auszugsweise Nachdrucke, fotomechanische Vervielfältigungen (Fotokopie/Mikroskopie), Übersetzungen, Auswertungen durch Datenbanken oder ähnliche Einrichtungen und die Einspeicherung und Verarbeitung in elektronischen Systemen.